AF276559

Historia de una amistad

Junkal Guevara Llaguno

Historia de una amistad

La Revelación: Palabra y Tradición

SAN PABLO

Colección dirigida por Silvia Martínez Cano y José María Pérez-Soba Díez del Corral

Miren Junkal Guevara Llaguno (Bilbao, 1966) es catedrática del departamento de Teología de la Universidad Loyola Andalucía, licenciada en Derecho por la Universidad Pontificia Comillas y doctora en Teología por la Facultad de Teología de Granada. Enseña Pentateuco, Libros históricos e Historia del Israel antiguo. Investiga las relecturas del texto bíblico tanto en la literatura parabíblica como en las manifestaciones de la cultura contemporánea, particularmente el cómic y la novela gráfica. Es autora en la colección Mujeres bíblicas de las obras dedicadas a *Tamar* (2021) y *Lidia* (2024).

© SAN PABLO 2025
   Protasio Gómez, 11-15. 28027 Madrid
   Tel. 917 425 113
   secretaria.edit@sanpablo.es - www.sanpablo.es
© Miren Junkal Guevara Llaguno, 2025
© Ilustración de portada: José Montalvá Beneyto, 2025

Distribución: SAN PABLO. División Comercial
Resina, 1. 28021 Madrid
Tel. 917 987 375
ventas@sanpablo.es
ISBN: 978-84-285-7365-8
Depósito legal: M. 11.215-2025
Printed in Spain. Impreso en España

Todos los derechos reservados. Ninguna parte de esta obra puede ser reproducida, almacenada o transmitida en manera alguna ni por ningún medio sin permiso previo y por escrito del editor, salvo excepción prevista por la ley. La infracción de los derechos mencionados puede ser constitutiva de delito contra la Ley de propiedad intelectual (Art. 270 y siguientes del Código Penal). Si necesita fotocopiar o escanear algún fragmento de esta obra diríjase a CEDRO (Centro Español de Derechos Reprográficos – www.conlicencia.com).

1
Introducción

El papa Francisco instituyó el 30 de septiembre de 2019 la celebración en la Iglesia universal del Domingo de la palabra de Dios. Aprovechó la memoria de san Jerónimo, patrono de todos los que se dedican al estudio de la Biblia, para publicar una exhortación en forma de *motu proprio* esto es, un texto escrito por iniciativa propia. Se titula, en latín, *Aperuit illis* –«les abrió el entendimiento»–, recordando el relato del camino de Emaús en el que Jesús resucitado regaló a los caminantes la capacidad de captar el sentido de la Escritura (Lc 24,45).

En este texto de iniciativa propia de Francisco, podemos leer:

La Biblia no puede ser solo patrimonio de algunos, y mucho menos una colección de libros para unos pocos privilegiados. Pertenece, en primer lugar, al pueblo convocado para escucharla y reconocerse en esa Palabra. A menudo se dan tendencias que intentan monopolizar el texto sagrado relegándolo a ciertos círculos o grupos escogidos. No puede ser así. La Biblia es el libro del pueblo del Señor que al escucharlo pasa de la dispersión y la división a la unidad. La palabra de Dios une a los creyentes y los convierte en un solo pueblo (*Aperuit illis* 4).

Esta celebración instituida por el Papa en 2019 ha ido acompañada de gestos y decisiones importantes. El 10 de mayo de 2021, también acompañada de un *motu proprio*, instituyó el ministerio del catequista, un servicio que existía desde los orígenes de la Iglesia pero sobre el que, ahora, nos recuerda de modo especial: «El Espíritu llama también hoy a hombres y mujeres para que salgan al encuentro de todos los que esperan conocer la belleza, la bondad y la verdad de la fe cristiana». No solo eso: el 23 de enero de 2022 abrió los ministerios de lector y catequista a fieles laicos, hombres y mujeres.

Todos estos esfuerzos y compromisos de Francisco nacían de su convicción de que, en la Iglesia, la Palabra es una inyección insustituible de vida; así de gráfico, como suele comunicarse él, se lo dijo a la Federación Bíblica Católica en 2019. De hecho, les dijo más cosas; les recordó que «tantas palabras acuden diariamente a nuestros oídos, transmiten información y dan múltiples *inputs*; muchos, tal vez demasiados, hasta el punto de superar a menudo nuestra capacidad de recibirlas. Pero no podemos renunciar a la palabra de Jesús, la única Palabra de vida eterna (véase Jn 6,68), que necesitamos todos los días».

En este libro que tienes entre manos vamos a unirnos a esta inquietud de Francisco, tratando de explicar cómo la inyección de vida de la palabra de Dios ha llegado a nosotros a través de muchos textos escritos desde hace más de veintiocho siglos, en lenguas antiguas –que gracias a los esfuerzos de los especialistas podemos entender hoy– y desde territorios lejanos, que conocemos, leemos y rezamos con la Biblia en los contextos occidentales.

Palabras clave

- *Revelación:* este término, cuando se escribe con mayúsculas, quiere definir la autocomunicación de Dios con los seres humanos, que nace del amor que tiene por ellos, y busca invitarles a un círculo de amistad y amor que no se interrumpe nunca: «Quiso Dios revelarse a sí mismo y dar a conocer el misterio de su voluntad» (DV 2).
- *Tradición:* esta palabra, cuando se escribe con mayúsculas, pretende identificar la cadena de transmisión de la Revelación, que arranca con el ministerio de los apóstoles y llega hasta nuestros días, en un proceso en el que el Magisterio de los obispos y el sentido de la fe de los fieles juegan un papel capital.
- *Inspiración:* este vocablo, cuando se escribe con mayúsculas, señala la acción del Espíritu Santo sobre los autores bíblicos a quienes, aprovechando sus cualidades y talentos, movió para que escribieran como verdaderos autores unos textos impregnados del mensaje de salvación contenido en la Revelación.

- *Canónico* y *apócrifo* son dos términos opuestos que vienen a reconocer o rechazar la condición de inspirados de una serie de libros escritos en el periodo de formación del canon. Esa aceptación o rechazo se fragua en la vida de fe de las comunidades de los primeros siglos, que, cuando usan los libros reconocen en ellos o no al Dios revelado en Cristo y su mensaje.
- *Magisterio:* contribución de los obispos a través de su enseñanza a la transmisión de la Revelación.

1
No hay palabra de Dios sin palabra humana

El título de este apartado apareció hace ya unos años en un trabajo de un exegeta conocido, llamado Jacob Kremer. El autor, creo que muy gráficamente, hacía notar algo que es esencial en la comunicación de Dios con el ser humano: que Dios sabe conectar con nuestra onda o frecuencia de comunicación. Dios no tiene una emisora con código propio, sino que siempre nos habla a nuestro modo, al modo humano, al único que nosotros podemos comprender.

En Teología, el contenido y mensaje de esta palabra de Dios que llega a nosotros se llama *Revelación*. Así de bien lo explica el concilio Vaticano II: «Dios invisible habla a los hombres como amigos, movido por su gran amor y mora con ellos, para invitarlos a la comunicación consigo mismo y recibirlos en su compañía» (DV 2).

Esa Revelación es una conversación de Dios con sus amigos, los seres humanos; una conversación que nace del amor que tiene por ellos y que busca invitarlos a un círculo de amistad y amor en el que la comunicación no se interrumpe nunca: «Quiso Dios revelarse a sí mismo y dar a conocer el misterio de su voluntad» (DV 2).

Pero la conversación de Dios con nosotros tiene algo de particular: se realiza con hechos y palabras íntimamente conectados entre sí. Es decir, que, igual que nosotros comunicamos nuestro amor a un amigo, un padre o un amante, con una carta o unas flores, un guasap o un anillo, la palabra de Dios que nos invita a su amor y compañía se puede descifrar en los acontecimientos de la historia y en su Palabra hecha texto.

Los hombres y mujeres del Israel antiguo ya se dieron cuenta de esto; quizás por eso, el autor del salmo 104, en una *tournée* por la creación que va descubriendo la acción de Dios desde los montes hasta las guaridas de los felinos, rezaba: «¡Cuántas cosas has hecho, Señor! Todas las hiciste con sabiduría; ¡la tierra está llena de todo lo que has creado!» (Sal 104,24). Es más, se daban cuenta de que Dios no cortaba la comunicación ni de noche..., así que estaban convencidos de que, mientras dormimos, Dios habla y habla, como para que se nos quede bien grabado: «Cuando entre vosotros haya un profeta mío, yo me comunicaré con él en visiones y le hablaré en sueños» (Núm 12,6). Por eso, estando el hombre de tierra –Adán– dormido, Dios hizo un humano como él para apagar el fuego de la soledad que le quemaba (Gén 2,21); así, preso José en la cárcel de Egipto, sorprendió a todos por su capacidad para interpretar en los sueños lo que estaba por venir (Gén 40), y también Jacob, en sueños, reconoció que cielo y tierra están unidos como por una escalera por la que suben y bajan los mensajeros de Dios (Gén 28). Muchísimos años después, también en sueños, Dios comunicó a José, el esposo de María, que contaba con ellos para hacer de su Palabra amiga, un rostro, su imagen (Mt 1,18ss.).

En resumen, que, efectivamente, y como decía Kremer, toda palabra de Dios es palabra humana. Eso sí, palabra más allá de lo meramente verbal: como nosotros, Dios habla con gestos, acontecimientos, sorpresas, sustos...

Ahora bien, la comunicación de Dios al ser humano, que parece garantizada desde que en Gén 1,1 Dios sale de sí mismo para, por puro amor gratuito, crear y crearnos, espera un ser humano que pueda acogerla. Esto es obvio, pues no hay comunicación sin receptor que pueda sintonizarla. Si Marconi no hubiera desarrollado la emisora de radio y «el transistor», no habría comunicación ninguna. Las emisoras se desgañitarían por las ondas sin que nadie escuchase lo que dicen...

Si Dios invita a un diálogo de amistad, y nadie es capaz de escuchar la invitación, Dios puede decir como el Jonás de León Felipe: «Yo no soy nadie: un hombre con un grito de estopa en la garganta». Pero –sí–, hay en todo ser humano una disposición para la escucha de Dios; una apertura a la trascendencia: «El sujeto humano es fundamentalmente y de suyo la pura apertura para todo en absoluto, para el ser en general» (KARL RAHNER, *Curso fundamental sobre la fe*). Ese estar abierto a la trascendencia significa que el ser humano descubre, en la constatación de su finitud y limitación, que hay algo más grande que él, algo que le lleva fuera de sí mismo; y en ese hueco es donde puede oír la voz de Dios que le invita a la amistad. Así, también Rahner, habla del ser humano como «el oyente de la Palabra».

De manera que la Revelación, la comunicación de amistad de Dios al hombre, recorre la historia y, por eso, la convierte en historia de salvación. De hecho –y recuerdo una frase que le gustaba repetir a uno de mis profesores de la facultad–, «el encuentro de Dios con el hombre es la gran caminata de Dios hacia el hombre, pero, si el hombre no se mueve, Dios y el hombre no se encuentran ni poco ni mucho».

Y es que esta «adaptación» a nuestro lenguaje garantiza que, si tenemos ganas de charla, Dios está en continua conversación con nosotros, y eso es «Revelación».

De la Revelación a la «engramación»

La eterna conversación que es la Revelación ha tenido momentos álgidos, sobresalientes, no porque todo haya sido bonito –que no–, sino

porque siempre, todo el amor de la conversación de Dios nos ha permitido seguir adelante.
Así se lo dice Pablo a los de Corinto:

> Unas veces se nos honra y otras se nos ofende. Unas
> veces se habla bien de nosotros y otras se habla mal.
> Nos tratan como a mentirosos, pese a que decimos
> la verdad. Nos tratan como a desconocidos, pese a
> que somos bien conocidos. Estamos casi muertos,
> pero seguimos viviendo; nos castigan, pero no nos
> matan. Parecemos tristes, pero siempre estamos
> contentos; parecemos pobres, pero hemos enrique-
> cido a muchos; parece que no tenemos nada, pero
> lo tenemos todo (1Cor 6,8-10).

Pero de todas las palabras y todos los hechos, los hombres y mujeres del Israel antiguo
dejaron por escrito solo algunas: «La Ley, los
Profetas y los demás libros que fueron escritos
después, nos han transmitido muchas y grandes
enseñanzas. Por eso hay que felicitar al pueblo
de Israel por su instrucción y sabiduría» (prólogo al Sirácida). Efectivamente, lo que nosotros llamamos habitualmente *la Biblia,* que en
los círculos judíos –los primeros que pusieron la

Palabra por escrito– se llama *Tanak* (un acróstico de Torá, Ley; Nebiim, Profetas, y Ketubim, Escritos), es Revelación con una buena dosis de enseñanza y sabiduría.

Esta Revelación hecha texto escrito es el fruto del esfuerzo entre Dios que quiere comunicarse y unos autores literarios que, por «estar en su onda», supieron captar lo que quería comunicarnos y encontraron las palabras acertadas para hacerlo:

Las verdades reveladas por Dios, que se contienen y manifiestan en la Sagrada Escritura, se consignaron por inspiración del Espíritu Santo. La santa Madre Iglesia, según la fe apostólica, tiene por santos y canónicos los libros enteros del Antiguo y Nuevo Testamento con todas sus partes, porque, escritos bajo la inspiración del Espíritu Santo, tienen a Dios como autor y como tales se le han entregado a la misma Iglesia. Pero en la redacción de los libros sagrados, Dios eligió a hombres, que utilizó usando de sus propias facultades y medios, de forma que obrando Él en ellos y por ellos, escribieron, como verdaderos autores, todo y solo lo que Él quería (DV 11).

Así, en los textos bíblicos Dios y el ser humano han sabido poner en común sus habilidades para que la palabra de Dios se impregnara en un texto; se engramara. De esta manera, la Escritura, el conjunto de los libros inspirados, se erige como una especie de depósito de la Revelación; depósito al que podemos ir siempre a beber del vino de la amistad que Dios ha querido comunicarnos en ella.

Cuando Dios habla, se llama *Inspiración*

Creo que fue Pablo Picasso el que dijo alguna vez: «Si llegan las musas, que te pillen trabajando». Me parece una muy buena frase para hablar de la Inspiración, que no es sino la acción del Espíritu de sugerir, soplar, iluminar, espabilar..., para que la Palabra de la que es portador, la palabra de Dios, pueda llegar hasta nosotros.

En la mitología griega, las musas eran diosas de las artes –la música, la poesía, la elocuencia...– y se creía traían a la mente del artista los sucesos que tenía que representar, las melodías a interpretar... Se las invocaba antes de comenzar a trabajar, seguros de que su asistencia haría el trabajo no solo eficaz, sino bello, porque las musas se imaginaban como seres elegantes, ágiles, de voz maravillosa... De esta tarea de las musas como facilitadoras de la actividad artística nace el vocablo *museo,* el lugar en el que se alojan las obras artísticas que ellas han inspirado.

Esa misma idea, es decir, la existencia de un alguien distinto al artista que promueve su actividad, es la que está detrás del concepto teológico de la Inspiración. Por eso, el concilio Vaticano II afirma que «las verdades reveladas por Dios, que se contienen y manifiestan en la Sagrada Escritura, se consignaron por inspiración del Espíritu Santo» (DV 11). En realidad, Isaías lo había proclamado ya en un texto bellísimo de la tercera parte de su libro:

Como bajan la lluvia y la nieve desde el cielo y no vuelven allá, sino después de empapar la tierra, de fecundarla y hacerla germinar, para que dé semilla al sembrador y pan al que come, así será la Palabra que sale de mi boca: no volverá a mí vacía, sino que cumplirá mi deseo y llevará a cabo mi encargo (Is 55,10-11).

Los dos textos hacen notar que en el origen de la Inspiración bíblica está Dios, «baja del cielo» o actúa el Espíritu Santo –por eso lo escribimos con mayúscula–. Esa Inspiración es efectiva, fecunda, porque imprime en los libros la verdad de la amistad de Dios que nos salva. Y es palabra de Dios para todos y cualquiera, porque «da semilla al sembrador y pan al que come», de modo que, como decía Francisco, es una inyección insustituible de vida, claro, de la vida de Dios, de esa amistad suya a la que nos invita cuando se revela.

Es importante notar esta dimensión trascendente de la Revelación, dimensión que para los antiguos era evidente, pero que, en una sociedad occidental como la nuestra, no debe darse por sentada. Así, en la famosa novela *El código Da Vinci*, se puede leer:

La Biblia es un producto del hombre, querida. No de Dios. La Biblia no nos cayó de las nubes. Fue el hombre quien la creó para dejar constancia histórica de unos tiempos tumultuosos, y ha evolucionado a partir de innumerables traducciones, adiciones y revisiones. La historia no ha contado nunca con una versión definitiva del libro (DAN BROWN, *El código Da Vinci)*.

Este texto nos conecta bien con un tema que se sigue de todo lo que hemos hablado hasta ahora porque una de las características de la cultura occidental de nuestro tiempo es la vigencia en tantas novelas, películas y series de tema religioso, de lo que algunos llaman *actitud apócrifa*. Vamos a explicarnos.

Por haber empezado con las musas, hemos de dejar claro cuál es la diferencia entre la inspiración de las musas y la Inspiración del Espíritu Santo. Es importante, y ya se preocuparon nuestros antepasados en la fe de discernir bien entre libros y libros. Y, así, por ejemplo, Pablo, en el areópago de Atenas, reconociendo el mensaje profundo del poeta Arato e inspirándose en él (cf He 18,28), hablaba al auditorio de la Resurrección de Jesús, y los atenienses pudieron captar fenomenalmente la diferencia entre las palabras de Arato y las de Pablo. De hecho, «al oír aquello de la Resurrección, unos se burlaron y otros dijeron: "Ya te oiremos hablar de eso en otra ocasión"» (He 18,32). Es decir, que en el desafío de las palabras de Pablo y en la radical novedad de sus palabras, los atenienses reconocían una propuesta mejor y más comprometedora, hasta el punto de que preferían «dejarlo para otro día».

Esta diferencia «de peso» la reconocieron también quienes nos precedieron cuando tuvieron en sus manos textos, no ya de poetas o escritores clásicos, sino de otros creyentes como ellos, que escribían con la pretensión de reflexionar acerca del nacimiento y la infancia de Jesús, de la vida de la Virgen niña, de los hechos de algunos apóstoles...

> Este es el Evangelio del que se busca, que se reveló a los que son perfectos por las misericordias del Padre, el misterio oculto, Jesús, el Cristo, por cuyo medio iluminó a los que estaban en la oscuridad a causa del olvido. Los ha iluminado y (les) ha mostrado un camino. El camino, sin embargo, es la verdad que les ha enseñado (*Evangelio de la Verdad* 18,10).

Resulta que, cuando estas obras llegaban a las comunidades y sus miembros se reunían para rezar y alimentar su fe leyéndolas, notaban algo incómodos que «enredan el orden y el texto de las Escrituras y, en cuanto pueden, separan los miembros (del cuerpo) de la verdad. Transponen y transforman todo y, mezclando una cosa con otra, seducen a muchos mediante la fantasiosa composición que fabrican a partir de las palabras del Señor» (*Adversus haereses* I,8.1). Eran textos escritos con una pretensión que, de hecho, no se cumplía: no sentían arder sus corazones como en el camino de Emaús.

Nos estamos refiriendo a lo que comúnmente conocemos como libros *apócrifos*, un término algo ambiguo porque las distintas confesiones cristianas lo usamos con sentido un tanto diferente, pero que, en definitiva y para todos, viene a identificar los libros que enredan, trasponen, inventan... y, así, crean confusión, enmarañan la verdad de la salvación y la separan de la amistad de Dios.

La referencia a estos libros «apócrifos» nos ayuda a entender que las primeras comunidades sintieran la necesidad de filtrar, aclarar y definir cuáles eran los libros en los que sus miembros sí podían discernir el mensaje inspirado por Dios.

Surgió así el canon, una palabra griega que podemos traducir por «regla» o «medida»; es decir, se estableció un elenco de libros en los que la comunidad sí reconocía una llamada a confesar a Jesús, Mesías e Hijo de Dios (Jn 20,30b-31).

Este canon de libros inspirados no es, en realidad, algo privativo de los cristianos. La Biblia judía tiene un canon que se estructura en tres grandes colecciones: Torá, Nebiim y Ketubim. Este canon se corresponde con el llamado *canon breve o palestinense* utilizado por los judíos del siglo I a. C. y sancionado como tal por la asamblea de rabinos en Yamnia (90-100 d. C.). Los cristianos, por otro lado, tenemos nuestras divergencias en relación al canon del Antiguo Testamento y, así, por ejemplo, la Iglesia de la Reforma, nacida de la división del siglo XVI, tiene en el Antiguo Testamento un canon de libros que se corresponde con el canon palestinense, el canon de la Biblia hebrea, y señala como apócrifos siete libros del Antiguo Testamento católico: Tobías, Judit, Sabiduría, Baruc, Sirácida, primer y segundo libro de los Macabeos además de algunos fragmentos de Ester (10,4–16,24) y Daniel (3,24-90; 13–14). Los católicos, por nuestra parte, desde que en 1569 Sixto de Siena acuñara en su obra *Bibliotheca Sacra* el término *deuterocanónico*, identificamos con ese título a los siete libros que la Reforma llama *apócrifos* que consideramos inspirados, y reservamos el término *apócrifo* para referirnos a los libros escritos aproximadamente entre el 300 a. C. y el 300 d. C. que, bajo la pretensión de ser inspirados, releen los textos y tradiciones bíblicas modificando su mensaje con adiciones, omisiones y cambios, razón por la cual nunca fueron recibidos en la lista canónica.

A partir de todo lo dicho anteriormente, es importante tener en cuenta que los escritores de la primera generación cristiana constataron la necesidad de tener instancias de verificación y de discernir sobre el contenido de los libros que iban apareciendo en las comunidades y reclamaban la pretensión de ser inspirados:

De este modo podemos ver estos escritos y también aquellos que, bajo el nombre de los apóstoles, han diseminado los herejes, como si contuvieran los evangelios de Pedro, de Tomás, de Matías o de cualquier otro, así como los Hechos de Andrés, de Juan o de otros apóstoles. De todos estos, ninguno fue considerado jamás como digno de ser citado por los escritores de la sucesión eclesiástica (EUSEBIO DE CESAREA, *Historia Eclesiástica*, III, 25.6 y 7).

Ellos sabían distinguir que, en un cierto número de textos, la palabra de Dios suscitaba su fe y los guiaba en la vida, y por esa razón recibieron esos textos como un patrimonio que debía ser conservado y transmitido. Los creyentes eran conscientes de que, discerniendo el canon de las Escrituras, discernían y afirmaban su propia identidad. Así, la definición del canon convirtió las Escrituras en un espejo en el que la Iglesia reconocía su identidad y podía verificar, a través de los siglos, el modo en que respondía a la amistad a la que Dios le invitaba.

En este contexto, comenzaron a hablar de la *sucesión apostólica*, un término en el que nos adentraremos después, pero que ya aparece como una instancia de discernimiento autorizado de la condición inspirada o no de los libros:

Nuestros apóstoles conocieron por nuestro Señor Jesucristo y dieron para lo sucesivo la norma de que cuando ellos murieran, otros hombres probados les sucedieran en el ministerio. Así, pues, los hombres establecidos por ellos, o después por otros varones eximios, en comunidad de sentimientos con toda la Iglesia; hombres que han servido irreprochablemente al rebaño de Cristo con espíritu de humildad, pacífica y desinteresadamente; que durante mucho tiempo han gozado de la aprobación de todos; estos hombres creemos que en justicia no pueden ser apartados de su ministerio (CLEMENTE DE ROMA, *Carta a los corintios,* ca. 97 d. C.).

A la manera humana

El hecho de que Dios se haya hecho «gramática», pero que lo haya hecho en las palabras de hombres y mujeres de un tiempo y una cultura particular, nos obliga a adquirir destrezas para poder interpretarla. Y es que, igual que, sin conocer el paisaje y la ausencia de luz de los países nórdicos, nos cuesta comprender las novelas de Henning Mankell, de la misma manera que no podemos disfrutar de la magia de Macondo sin estar abiertos a dimensiones de la realidad y la historia que nos llevan más allá de nuestros clichés y seguridades, así sucede con los textos de la Biblia. De ahí que:

> Habiendo, pues, hablado dios en la Sagrada Escritura por hombres y a la manera humana, para que el intérprete de la Sagrada Escritura comprenda lo que Él quiso comunicarnos, este debe investigar con atención lo que pretendieron expresar realmente los hagiógrafos y plugo a Dios manifestar con las palabras de ellos (DV 12).

Por eso, como cualquier texto, música o pintura que quiere comunicar un mensaje que ha quedado atrapado en sus formas, se hace necesario conocer las lenguas en las que los relatos se escribieron, los géneros literarios que utilizaron, el momento de la historia en el que captaron que Dios se comunica con ellos...

Recuerdo unas palabras de Fernando Botero, el pintor colombiano: «Para ser universal, el arte debe están anclado en la propia tierra, en el propio patrimonio, en la propia vida»...

Pero, claro, hay que entenderlas para conocer mejor la obra.

¿Significa eso que solo están preparados para leer la Biblia y escuchar sus Palabras amigas los que saben hebreo, griego, poesía e historia muy antigua? En absoluto: Dios tiene Palabras «para todos los públicos», pero las personas que tienen herramientas literarias –lenguas, historia, estilo...– son capaces de advertir mejor los matices. Y es que, en la Iglesia, «Dios ha querido que haya, en primer lugar, apóstoles; en segundo lugar, profetas; en tercer lugar, maestros; luego personas que hacen milagros y personas con poder para sanar enfermos, o que ayudan, o dirigen, o hablan en lenguas» (1Cor 12,18).

De esta manera, quienes en la Iglesia se dedican al ministerio de la Palabra empeñan el tiempo, sus facultades, destrezas... como herramientas que les permiten servir al pueblo de Dios encontrando matices y mensajes impregnados en el texto bíblico que, de otra manera, pasarían desapercibidos.

Vamos a poner algunos ejemplos.

En Gén 37,2 el narrador nos hace saber que Jacob amaba a José más que a sus hermanos porque había nacido cuando él ya era anciano. Ese amor le había llevado a regalarle una túnica de colores.

Un lector cualquiera, sobre todo si es padre o madre, no necesita que le ayuden mucho para entender que ese regalo iba a ser ocasión de división entre los hermanos. Si la túnica era de colores o lisa, poco importa. Sin embargo, el intérprete de la Biblia sabe que esa túnica es especial; es una *kethoneth,* una túnica que distingue a personas con honor, categoría, privilegios... Y ese detalle, además de apuntar lo que cualquier lector advierte, el drama familiar, permite al biblista reconocer que se está anunciando lo que José llegará a ser: el modelo de judío en la diáspora; una persona con autoridad y credibilidad, capaz de llevar a los egipcios a alabar al Dios de José (Gén 41,37).

Por otro lado, la afirmación de que Jesús resucitó «al tercer día» suele inquietar a algunos lectores curiosos, a los que no les salen las cuentas porque, si Jesús murió el viernes y resucitó en la madrugada del domingo, los tres días no cuadran... La gente, en general, suele pensar que en los tiempos de Jesús se contarían los días de otro modo, y se queda tan fresca. Por el contrario, el exegeta que conoce bien lo que en la antropología judía significa *el tercer día,* sabe que los evangelistas no quieren darnos una cronología de los hechos, y por eso no se preocupan de que el horario cuadre. No salen 72 horas. Si tiene sentido hablar del *tercer día* es para explicar que Jesús murió realmente, y, como todo ser humano, necesitó un tiempo para romper los lazos con esta historia. Porque contar cuánto se tarda en llegar a este mundo es fácil: nueve meses; ¿pero marcharse? ¿o es que alguien piensa que la muerte es como un salto de trampolín a la piscina de la eternidad? La muerte rompe los lazos con todo lo vivido aquí, con tantos vínculos, amores, odios, fracasos... y eso, como venir a este mundo, necesita su tiempo: tres días.

Podríamos poner muchos otros ejemplos, pero creo que le vamos cogiendo el punto. Y, por si acaso, voy a recordar un texto bíblico magnífico, un relato de los Hechos de los apóstoles. El capítulo 8 narra cómo el apóstol Felipe es enviado por Dios a hacerse el encontradizo con el funcionario de la reina de Egipto que regresa a su tierra en una carroza. Efectivamente, se encuentran y, para sorpresa de Felipe, el funcionario va leyendo las escrituras judías, pero está un poco frustrado; no las entiende. De esa frustración nace una queja: «¿Cómo comprender si nadie me las explica?» (v. 31). Felipe, con mucha paciencia, va explicándole el texto: su autor, el profeta Isaías, el contexto, otros textos conectados con ese..., hasta llegar a Jesús. Contento por haber entendido y haber podido conocer a Jesús en esa cadena de testigos que arrancaba desde Isaías, el funcionario pide ser bautizado. Felipe, como una buena partera, ayuda al lector a que, poco a poco, vaya alumbrando el sentido del texto. Y, así, en la carretera de Jerusalén a Gaza, Felipe se hace catequista, «al mismo tiempo testigo de la fe, maestro y mistagogo, acompañante y pedagogo que enseña en nombre de la Iglesia» (*Antiquum ministerium* 6).

Palabras que dicen verdad

Ya hemos visto, cuando hemos hablado de la Inspiración, que la verdad de la Revelación consignada en la Biblia ha sido siempre un buen «caballo de batalla», de manera que el discernimiento de los libros que traen a nosotros la palabra de Dios siempre ha sido una tarea ardua.

Ahora bien, en nuestros días, el debate sobre la verdad de la Revelación que contienen los libros bíblicos se complica por cuestiones que son propias de nuestro tiempo.

El primer problema surge del hecho de que nuestro concepto de verdad, últimamente reducido prácticamente a lo empírico, parece impactar de lleno contra el texto bíblico, dejándolo inundado de mentiras o medias verdades. No se pierdan, lectores, esta cita, ni este libro de la colección en la que encontraron esta obra:

La entronización de la ciencia y de su principal producción, la tecnología, es una nota característica de nuestra cultura que, en general, considera el método científico como la forma de conocimiento más fiable y veraz, cuando no la única válida [...]. En este ambiente cultural donde lo científico es veraz, a veces parece que la persona religiosa debe justificar su fe, mientras que quien dice «creer en la ciencia» no tiene nada que explicar (ÁNGEL FERNÁNDEZ LÁZARO, *Nos quitamos el sombrero... no la cabeza*).

Y es que, si como dice el libro de Judit (Jdt 1,1), Nabucodonosor fue rey de Asiria, y no lo fue –que no lo fue, porque fue rey de Babilonia–, entonces la Biblia miente. Una reducción de la comprensión de la verdad que la deja en la desnudez de la demostración empírica convierte a la poesía, las sagas legendarias, la ciencia ficción... en el imperio de la mentira. Ahora bien, todas ellas tienen su propio ámbito de verdad y, como dice Vargas Llosa, es «la verdad de las mentiras»:

> La verdad de la literatura es una, y otra la verdad histórica. Pero, aunque esté repleta de mentiras –o más bien por ello mismo– la literatura cuenta la historia que la historia que cuentan los historiadores no sabe ni puede contar. Porque los fraudes, embaucos y exageraciones de la literatura narrativa sirven para expresar verdades profundas e inquietantes que solo de esa forma sesgada ven la luz (MARIO VARGAS LLOSA, *La verdad de las mentiras*, I).

El segundo problema, tampoco pequeño, tiene que ver con el cuestionamiento que ha sufrido el argumento de autoridad. Para entendernos, una de las cosas que más rechaza la gente hoy día es que algo sea verdad «porque tú lo dices», y que lo digas porque sabes de lo que hablas.

Un ejemplo. En 2003 un tipo llamado Dan Brown publicó la novela que hemos citado más arriba, *El código Da Vinci,* que se convirtió en un *best seller* en un tiempo récord, y que, a día de hoy ha vendido más de 79 millones de ejemplares.

La novela mezclaba con acierto el origen de Jesús, la dinastía merovingia, las conspiraciones del Opus Dei... en una trama policiaca suficientemente bien armada. La clave del asunto estaba en un pequeño aviso –«Los hechos»– que estaba colocado antes del prólogo. Allí se podía leer: «Todas las descripciones de obras de arte, edificios, documentos y rituales secretos que aparecen en esta novela son veraces». Brown usaba una técnica metaficcional no utilizada hasta entonces que rompía el pacto con el lector porque le daba un aviso que, en realidad, era falso: nada en todas esas descripciones era veraz, y Brown lo sabía pero el lector no y, fiándose de Brown, a medida que avanzaba en la lectura, quedaba totalmente sorprendido o desorientado por el nivel con el que muchas de sus certezas eran pulverizadas. Pero es que Brown advertía de que eran veraces.

Muchos de los autores que aprovecharon «la ola Da Vinci» para publicar sus obras, como el escritor español J. J. Benítez entre ellos, no solo no se reconocían creyentes, sino que cuestionaban la autoridad de las Iglesias para establecer la verdad o no de las afirmaciones relativas a la fe: «Lo que digan las Iglesias no me importa nada. Lo que puedan sentir las personas es diferente. Escribo para las personas, no para las instituciones. Además, desde hace tiempo, no creo en lo que predican las Iglesias» (JUAN JOSÉ BENÍTEZ).

Total, que estábamos como en aquella canción de Jarabe de Palo que sintetizaba perfectamente este debate acerca de la verdad:

Que el blanco sea blanco y que el negro sea negro, que uno y uno sean dos porque exactos son los números. Depende ¿de qué depende? De según cómo se mire, todo depende (JARABE DE PALO, *Depende)*.

Ahora bien, la Biblia se lo juega todo en la verdad del mensaje que la impregna, porque «el que cuenta esto es uno que lo vio y que dice la verdad. Él sabe que dice la verdad, para que vosotros también creáis» (Jn 19,35).

Esto de la verdad de la Biblia, que en los manuales antiguos se identificaba como la «inerrancia» (sin error) de la Biblia, es la clave de bóveda de toda la Escritura, porque Dios no nos engaña cuando nos ofrece su amistad: Dios es amigo «de los buenos». Por eso, a un Timoteo titubeante, Pablo le ayuda a hacer memoria:

Recuerda que desde niño conoces las Sagradas Escrituras, que pueden instruirte y llevarte a la salvación por medio de la fe en Cristo Jesús. Toda Escritura está inspirada por Dios y es útil para enseñar y reprender, para corregir y educar en una vida de rectitud. Así el hombre de Dios estará capacitado y perfectamente preparado para hacer toda clase de bien (2 Tim 3,15-17).

Pablo no le dice a Timoteo que la Escritura le llenará la cabeza de geografía, historia, matemáticas o ciencias naturales. La Escritura es útil «para para enseñar y reprender, para corregir y educar en una vida de rectitud»; la Escritura funciona para formarnos «por dentro».

Lucas, en los primeros versos de su evangelio, apunta en la misma dirección, y, después de explicar cuál ha sido su tarea de escritor, define el para qué de su trabajo: «Para que compruebes la verdad de cuanto te han enseñado» (Lc 1,3), o, como dicen en otras traducciones del griego que me gustan más: «Para que conozcas el fundamento de la fe que profesas».

Juan, con mucha más teología, cierra su evangelio con estas palabras: «Jesús hizo otros muchos signos delante de sus discípulos, que no están escritos en este libro. Pero estos se han escrito para que creáis que Jesús es el Mesías, el Hijo de Dios, y para que creyendo tengáis vida en él» (Jn 20,30b-31).

Así, la Palabra hecha texto quiere enseñar el fundamento de nuestra fe, que no es otro que Jesús, Mesías, Hijo de Dios, porque creyendo en él, nos llenamos de su vida. En palabras, una vez más, de la *Dei Verbum*:

Como todo lo que los autores inspirados o hagió-grafos afirman, debe tenerse como afirmado por el Espíritu Santo, hay que confesar que los libros de la Escritura enseñan firmemente, con fidelidad y sin error, la verdad que Dios quiso consignar en las sagradas letras para nuestra salvación (DV 11).

En esta presentación que apunta la verdad de nuestra vida, lo que le da sentido, una verdad que se restringe a lo meramente empírico y demostrable no tiene mucho sentido... ¿Se pueden comprobar empíricamente el amor, la bondad o la belleza? ¿Se puede medir la afirmación «te quiero mucho»? ¿Podemos discutir sobre el porcentaje de belleza de una obra de Velázquez? ¿Es la 7ª sinfonía de Bruckner 100 % preciosa? No se puede. Sin embargo, madre e hijo saben cuánto de verdad hay en ese «te quiero mucho», y Daniel Barenboim se traspone cuando dirige a Bruckner en el Palacio de Carlos V de Granada... (yo lo he visto).

De manera que es esta la verdad, la que hemos de buscar en la Revelación engramada de la Biblia, y no si, efectivamente, puede probarse la existencia de un diluvio exterminador, o que el mar de las cañas se dividiera, o que los bollos de pan se multiplicaran... Porque, recordaré las palabras de Bernard Sesboüe, la Biblia nunca responde bien a la pregunta ¿cómo?, la Biblia es experta en dar respuestas al ¿por qué? ¡Que se lo digan a Job!:

> ¿Quién soy yo para dudar de tu providencia, mostrando así mi ignorancia? Yo estaba hablando de cosas que no entiendo, cosas tan maravillosas que no puedo comprenderlas. Tú me dijiste: «Escucha, que quiero hablarte; respóndeme a estas preguntas». Hasta ahora, solo de oídas te conocía, pero ahora te veo con mis propios ojos (Job 42, 3-5).

2
De la «engramación» a la Encarnación

La pedagogía divina de la «engramación», es decir, que la Palabra se hiciera texto, es ya un buen ejemplo de eso que los que se dedican a la didáctica llamarían *adaptación significativa.* Como ya hemos visto, no hay palabra de Dios sin palabra humana; no hay autores bíblicos como «teledirigidos»; no hay plantillas, tipos de letra o número de caracteres... Dios no es como los editores de este mundo, que te fríen a condiciones, que siempre quieren textos más breves, que buscan un truco de magia para que el libro funcione... En ese sentido, Dios es el peor gestor editorial del mundo.

Con todo, Dios ha sabido qué hacer para que su Palabra nos llegara, para que, a pesar de no tener un envoltorio siempre bonito –porque el griego de Marcos no es muy bueno, y la estructura de Efesios, un espanto–, llegue, y llegue siempre.

En el culmen de la pedagogía, cuando andábamos como ovejas extraviadas (1Pe 2,25), Dios ha inaugurado un nuevo canal de comunicación, su Hijo:

> Dios ha mostrado su amor hacia nosotros al enviar a su Hijo único al mundo para que tengamos vida por él. El amor consiste en esto: no en que nosotros hayamos amado a Dios, sino en que Él nos amó a nosotros y envió a su Hijo, para que, ofreciéndose en sacrificio, nuestros pecados quedaran perdonados (1Jn 4,9-10).

La Encarnación nos ha concedido que la Palabra, que ya se había hecho texto, se hiciera carne, de manera que pudiéramos ver la imagen de Dios. Aquello que Moisés había anhelado tanto (Éx 33,18), y que no le había sido concedido «porque ningún hombre podrá verme y seguir viviendo» (Éx 33,20), se mostraba en el escenario de la historia de la Palestina de los tiempos de Herodes, y lo hacía sin restricciones, hasta el punto de que desde bien lejos, y siguiendo una estrella, unos magos orientales fueron a adorarlo (Mt 2,2).

Esta suerte de «sobredosis» de Revelación apunta a un sí y un no; «la economía cristiana, por tanto, como alianza nueva y definitiva, nunca cesará, y no hay que esperar ya ninguna revelación pública antes de la gloriosa manifestación de nuestro Señor Jesucristo» (DV 4). De manera que, como ya hemos dicho, crecerá nuestra comprensión de la Revelación de Dios, de cómo orar, ser más compasivos, levantar con mayor dignidad a los pobres o de celebrar con mayor honradez los sacramentos, pero no habrá nuevas revelaciones; no se le añadirán capítulos y contenidos nuevos a la Revelación.

Lo siento por las novelas de *thriller* religioso del mundo Da Vinci, pero lo que dicen, seguro, es ficción:

Por la sencilla respuesta de Jesús, podemos entender que había dos niveles de expresión: los secretos que compartía con sus compañeros más próximos y las enseñanzas que daba al público.

Aquellos secretos estaban relacionados con «los misterios del reino de los Cielos» (M. BAIGENT, *Las cartas privadas de Jesús. Últimas investigaciones y documentos reveladores sobre la muerte de Cristo)*.

Quizás por todo lo que venimos apuntando, y en un asunto que moviliza a muchos católicos del mundo, el cardenal prefecto del Dicasterio para la Doctrina de la Fe, y a propósito de las supuestas apariciones de la Virgen en Medjugorje, afirmó: «La Virgen "no ordena que algo se comunique necesaria o inmediatamente; no nos utiliza como marionetas o instrumentos muertos, siempre deja espacio a nuestro discernimiento"».

3

El tiempo entre costuras

Me acuerdo de la sinceridad de tu fe. Esa misma fe que antes tuvieron tu abuela Loida y tu madre Eunice, y estoy seguro de que tú también la tienes (2 Tim 1,5).

El título de este apartado lo he tomado, claro está, de la famosísima novela de María Dueñas que con tanto acierto protagonizó Adriana Ugarte. Y es que, puntada a puntada, con patrones, hilos, telas... Sira Quiroga, la protagonista de la novela, nos lleva a través de la historia de España desde la segunda República hasta el periodo de la posguerra. Y al imaginar el taller y las costureras me he acordado de algunas madres y abuelas de la Biblia, empezando por las de Tito, a las que puedo ver cosiendo y dejando pasar la vida a golpe de vainicas y dobladillos.

Y es en ese *pasar, dar, transmitir,* como se enseña un punto concreto de una labor, o una receta de cocina, donde podemos hablar de la Tradición. ¡Ojo!, la escribo con mayúscula, para no confundirla con esa tradición que tanta rabia da a los jóvenes, del «siempre se ha hecho así».

Y es que «dispuso Dios en su bondad que todo lo que había revelado para la salvación de los hombres permaneciera íntegro para siempre y se fuera transmitiendo a todas las generaciones» (DV 7). Porque la Revelación de la que hablamos más arriba, el diálogo de amigos entre Dios y los seres humanos, se haya engramado o no, no se puede esconder, ni se puede olvidar: se tiene que contar y transmitir, como se pasan las recetas y los puntos de labor. Si no, ¿para qué?

Tobit, un israelita deportado en tiempo de los asirios, casi ciego y despreciado por los suyos, recuerda, sin embargo, con mucho detalle que, fiel a la Ley de Moisés, siempre estuvo pendiente de los más vulnerables y frágiles, «según me lo había transmitido Débora, mi abuela por parte de padre, pues mi padre había muerto dejándome huérfano» (Tob 1,8).

Curiosamente, una mujer, una abuela, se encarga de enseñar a Tobías a vivir fiel a su tradición en un contexto de deportación y desarraigo... Y Tobías resiste y no se deja desanimar, todo gracias a lo que le había transmitido su abuela. ¿Será algo de esto lo que quiere apuntar Lucas cuando dice que volvieron a Nazaret y el niño crecía «en estatura, sabiduría y gracia»? Quizás Lucas nos está invitando a considerar cómo en el espacio de la familia fue donde Jesús recibió, lo mismo que Tito y Tobías, «el fundamento de la fe que profesaban» (Lc 1,4).

Así, como antes hicimos con la Inspiración, hemos escrito *Tradición* con mayúsculas, porque hablamos de esa transmisión entre costuras, en conversaciones, en las catequesis, en el Magisterio... Hablamos de dar la fe a las nuevas generaciones, de pasar el tesoro de la fe, como pasan las abuelas y las madres el tesoro de su cuaderno de recetas o sus patrones.

Dar y transmitir lo que nos hace fuertes; lo que nos hace uno

El Nuevo Testamento, que brota de la necesidad que sus distintos autores advierten de que el texto no se pierda ni se corrompa y del deseo de darlo a conocer, utiliza el término griego *parádosis* para referirse a la Tradición. La etimología de la palabra, *pará*, «desde junto a» y *dídōmi*, «entregar», sugiere, propiamente, dar o entregar algo, desde o junto a uno. Parece que uno de sus usos tenía que ver con el momento en que un grupo colegiado dejaba sus funciones en manos de una nueva generación. Se celebraba entonces una ceremonia llena de símbolos, en la que se hacía inventario de lo que se iba a transmitir.

La *parádosis* era, entonces, algo más que una operación rutinaria; era un momento solemne en el que se daban cita los antiguos y nuevos colegiados, se visibilizaba lo que se iba a transmitir, y con un determinado ritual, se transfería de unos a otros.

Es relativamente frecuente en los evangelios ver a Jesús polemizando con los judíos a propósito de sus tradiciones. Así, en Mt 15, Jesús y los fariseos se enzarzan en una discusión a propósito del respeto que unos y otros tienen a sus tradiciones. Unos y otros se recriminan «pasar de largo» o «quebrantarlas» (utilizando el verbo griego *parabaínō*, *pará* «junto a» o «al lado», y *baínō* «ir»). «¿Por qué tus discípulos desobedecen la tradición de nuestros antepasados? ¿Por qué no cumplen con el rito de lavarse las manos antes de comer?», dicen a Jesús los fariseos y escribas (Mt 15,2). Y Jesús, además de insultarlos por hipócritas, les reprende:

> ¿Y por qué también vosotros desobedecéis el mandato de Dios por seguir vuestras propias tradiciones? Porque Dios dijo: «Honra a tu padre y a tu madre» y «El que maldiga a su padre o a su madre será condenado a muerte». En cambio, vosotros afirmáis que uno puede decir a su padre o a su madre: «No puedo socorrerte, porque todo lo que tengo se lo he ofrecido a Dios», y que el que dice esto ya no está obligado a socorrer a su padre o a su madre. Así invalidáis el mandato de Dios por seguir vuestras propias tradiciones.

En definitiva, unos y otros están recriminándose que no cumplen con tradiciones recibidas, bien porque no hacen determinados ritos, bien porque las esquivan. Pero lo que dice Jesús es interesante: al «esquivar» las tradiciones, los judíos invalidan (*akuróō*) el mandato de Dios. El verbo griego *akuróō* está muy bien elegido, pues se compone de dos partículas: *a* que resta y quita, y *kûros* que significa autoridad. Es decir, que esas tradiciones no son meras costumbres o manías, sino que están cargadas de autoridad, la autoridad que viene de Dios. Al no respetar las tradiciones «esquivándolas», los judíos, de hecho, les están quitando toda la autoridad que justificaba que hubieran sido transmitidas.

Y es que aquí está lo nuclear de la Tradición: que es la transmisión de la verdad que brota del diálogo entre amigos al que Dios nos invita, y si se esquiva, si se pasa de largo, si se adultera, deja de comunicar ese diálogo y comunica cualquier otra cosa.

Por esa razón, Pablo recomienda a su discípulo Timoteo:

Tú, hijo mío, saca fuerzas de la gracia que has recibido de Cristo Jesús. Y lo que me has oído decir delante de muchos testigos, encárgaselo a hombres de confianza que sean capaces de enseñárselo a otros [...]. Evita palabrerías mundanas y vacías; los que así hablan se hunden cada vez más en la maldad y sus enseñanzas corroen como la gangrena (2 Tim 2,1-2.16).

El lector puede estar ahora preguntándose: pero, esa Tradición, ¿está recluida o atrapada en la Escritura?, porque hasta ahora hemos destacado que es en ella donde encontramos el fundamento de nuestra fe.

No es esta una mala pregunta, y en los dos últimos concilios la Iglesia católica hubo de enfrentarse a ella y pensar bien la respuesta. La Tradición se funda o tiene su punto de partida en la Escritura que no se entrega a las generaciones sin más, sin anestesia. La Tradición arranca con la predicación de los apóstoles que transmiten y dan testimonio de forma viva, ágil y entusiasmante de todo lo que la Escritura lleva en sí.

Dar y transmitir por
los canales habilitados

Esta Tradición, que deriva de los apóstoles, progresa en la Iglesia con la asistencia del Espíritu Santo: puesto que va creciendo en la comprensión de las cosas y de las palabras transmitidas, ya sea por la contemplación y el estudio de los creyentes, que las meditan en su corazón (cf Lc 2,59.51), ya por la percepción íntima que experimentan de las cosas espirituales o por el anuncio de aquellos que con la sucesión del episcopado recibieron el carisma cierto de la verdad. Es decir, la Iglesia, en el decurso de los siglos, tiende constantemente a la plenitud de la verdad divina, hasta que en ella se cumplan las palabras de Dios (DV 8).

El Concilio nos enseña que «el pistoletazo de salida» de la Tradición lo dieron los apóstoles. Ellos, porque convivieron con Jesús –algo que nadie más en la historia podrá repetir, por su cercanía y sintonía con él, pero también por la crisis de la Pascua–, tuvieron un conocimiento más profundo, fino, aquilatado... de Jesús, de su intimidad con el Padre, de su compromiso con el Reino... De ahí que ellos sean, en cierto modo, inigualables.

Ahora bien, si los apóstoles se hubieran guardado el tesoro de la Revelación para sí mismos, la lluvia fecunda de la que hablaba Isaías no habría llegado al suelo y no habría podido hacerlo germinar. La Tradición, para serlo, tiene que ser transmitida. Es obvio.

Esa Tradición genera una cadena de transmisores que, a lo largo y ancho del espacio y el tiempo, desde Jesús y hasta nuestros días, ha ido comunicando la Revelación de Dios, su llamamiento a la amistad.

Y, claro, «como un grano no hace granero, pero ayuda al compañero», la Tradición, a lo largo del tiempo y el espacio, ha hecho posible que la comunicación de Dios al ser humano haya ido progresando. Eso no quiere decir que haya ido aumentado, que Dios haya hablado más, sino que nosotros hemos sido capaces de reconocer mejor su sabor, sus matices. Igual que pasa con los buenos vinos, la maduración de la Revelación en el proceso de la Tradición, le ha dado más cuerpo, sabores nuevos, texturas distintas: «El vino fluye rojo a lo largo de las generaciones como el río del tiempo y en el arduo camino nos prodiga su música, su fuego y sus leones» (JORGE LUIS BORGES).

Y esos transmisores que constituyen eslabones de la cadena de la Tradición, ¿están bien identificados? ¿Cualquiera puede erigirse en Tradición? Pues no: como ya hemos dicho que «el pistoletazo de salida» de la Tradición lo dispararon los apóstoles, son los obispos que los han sucedido quienes tienen esa responsabilidad. Así lo explica, una vez más, el concilio Vaticano II:

El oficio de interpretar auténticamente la palabra de Dios escrita o transmitida ha sido confiado únicamente al Magisterio vivo de la Iglesia, cuya autoridad se ejerce en el nombre de Jesucristo. Este Magisterio, evidentemente, no está sobre la palabra de Dios, sino que la sirve, enseñando solamente lo que le ha sido confiado, por mandato divino y con la asistencia del Espíritu Santo la oye con piedad, la guarda con exactitud y la expone con fidelidad, y de este único depósito de la fe saca todo lo que propone como verdad revelada por Dios que se ha de creer (DV 10).

Como podemos ver, que tengan una responsabilidad sobresaliente no significa que puedan hacer lo que quieran. Y es que el Magisterio de los obispos no se puede poner por encima de la Revelación; ellos, cuando enseñan, son como los padres y madres de familia que «de lo que tienen guardado sacan cosas nuevas y cosas viejas» (Mt 13,52).

¿Cuándo y cómo enseñan los obispos? El Magisterio de los obispos puede ser colectivo o individual. Colectivamente, el colegio episcopal enseña cuando se reúne en concilios o sínodos, e incluso convocado como conferencias de obispos –continentales, nacionales, regionales...–. De forma individual, los obispos desarrollan su Magisterio a través de la predicación y la catequesis, en asambleas, en los distintos textos que escriben a los fieles –desde las encíclicas del obispo de Roma, hasta las cartas pastorales y notas de los obispos en sus diócesis–...

La singularidad de este Magisterio está en que tenga la capacidad de generar unidad y comunión entre todos los miembros de la Iglesia. Esta preocupación por la unidad les obliga a escuchar y leer la Teología que se hace en las universidades, a estar bien pegados al momento histórico y al lugar en el que desempeñan su misión y a discernir bien cómo la fe responde a los desafíos de cada tiempo. Porque, de alguna manera, ellos son los primeros responsables de «estar siempre preparados para responder a cualquiera que les pida razón de la esperanza que tienen» (1Pe 3,15).

Claro, algún lector puede estar pensando que, si tal es el oficio de enseñar de los obispos, a qué se dedican propiamente los teólogos.

Unos años después de la clausura del concilio Vaticano II, y porque en él la figura del obispo y su ministerio fueron objeto de una muy profunda reflexión, la Comisión Teológica Internacional publicó un documento titulado *Magisterio y Teología*. En la introducción del mismo ya se hacía notar que era muy necesario «esclarecer la relación que existe entre "el mandato que constituye [al Magisterio eclesiástico] guardián de la Revelación divina y la tarea confiada [a los teólogos] de estudiar y exponer la doctrina de la fe"». Y es que ambos ministerios están volcados en la atención a la Revelación y su transmisión, pero el ministerio del teólogo sirve al obispo iluminando la doctrina que enseña y dándole pistas para tomar postura en las múltiples cuestiones que se le plantean. Esa ayuda nace del trabajo académico de estudio, interpretación y diálogo que, con el auxilio de las ciencias seculares, permiten al teólogo iluminar el diálogo entre la fe y la cultura. Así se expresaba Edward Schillebeeckx, uno de los grandes teólogos católicos del siglo XX:

> Mi método teológico se fundamenta sobre la experiencia humana y cristiana, comunitaria y personal. Lo aplico a la Tradición, que es una experiencia que se prolonga. La individualidad está comprendida en esta experiencia comunitaria. En mi reflexión teológica continúo aplicando el método de la experiencia (E. SCHILLEBEECKX, *Soy un teólogo feliz*).

El *sensus fidei*

La exhortación apostólica *Evangelii gaudium* del papa Francisco, publicada en 2013, le «quitó el polvo» a la expresión *sensus fidei*, que él describió como una suerte de «instinto de la fe». Este «instinto» lo veía Francisco como algo normal, si tenemos en cuenta que «la presencia del Espíritu otorga a los cristianos una cierta connaturalidad con las realidades divinas y una sabiduría que les permite captarlas intuitivamente, aunque no tengan el instrumental adecuado para expresarlas con precisión» (EG 119).

El reciente Sínodo de la sinodalidad (2021-2024) ha recordado cómo es precisamente ese «instinto de la fe» el que garantiza que el pueblo de Dios sea santo gracias a esta unción, que lo hace infalible *in credendo* –vamos, que no se equivoca en la fe, aunque no siempre sus miembros tengan palabras elocuentes y precisas para explicarla–. Con esa garantía, el *sensus fidei* nos asegura la energía fecunda de la sinodalidad, que queda definida por la comunión, la participación y la corresponsabilidad de todos los bautizados.

El documento final del Sínodo aclara una cuestión que le puede estar rondando a algún lector, y es que:

El ejercicio del *sensus fidei* no debe confundirse con la opinión pública. Está siempre unido al discernimiento de los pastores en los distintos niveles de la vida eclesial, como muestra la articulación de las fases del proceso sinodal. Pretende alcanzar ese consenso de los fieles *(consensus fidelium)* que constituye «un criterio seguro para determinar si una doctrina o práctica particular pertenece a la fe apostólica» *(Por una Iglesia sinodal: comunión, participación y misión. Documento final* 23).

Está bien esta aclaración del documento final, porque es verdad que corremos el riesgo de confundir comunión y democracia; de lo primero, hay mucho en la materia de este libro, de lo segundo, sin embargo, poco. La intuición de la fe, como toda intuición, tiene que ser discernida. Cristóbal Colón intuyó que llegaba a unas tierras, y hasta ahí no se equivocó, pero no eran las Indias orientales a donde se dirigía... El sentido de la fe, el *sensus fidei*, necesita medirse y cotejarse con la fe que profesamos los bautizados todos, a lo largo y ancho del tiempo y la historia.

Por otro lado, el *sensus fidei* no necesariamente juega como «caballo ganador». Quiero decir con esto que, a veces, los miembros del pueblo de Dios llaman la atención del Magisterio o de los teólogos y les hacen notar que hay algo en lo que enseñan que «chirría», que no se acomoda bien con el sentir de los fieles. Puede ser, pero, naturalmente, eso solo ocurre cuando los medios de la fe, la oración, los sacramentos, el discernimiento o la práctica espiritual, entre otros, fortalecen y consolidan a los fieles en su fe. A lo mejor algo de esto, y mucho ego también, estaba en la base de las discusiones de Jerusalén cuando Pablo advertía: «Así pues, ¿por qué desafiáis a Dios imponiendo sobre estos creyentes una carga que ni nosotros ni nuestros antepasados hemos podido soportar? En realidad, nosotros creemos que somos salvados gratuitamente por la bondad del Señor Jesús, lo mismo que ellos» (He 15,10).

En este mismo sentido, el *sensus fidei* puede ser también, para el Magisterio y los teólogos, una suerte de GPS o brújula que apunte hacia direcciones donde el Espíritu arrastra, y que ellos no han sabido reconocer en su radar.

4
Final y aviso

No podemos terminar esta reflexión sobre Revelación y Tradición sin ponernos deberes. No es un cuestionario, pero sí algo que nos cuestiona: ¿qué pasa con cada uno de nosotros?

El hombre como imagen de Dios quiere decir que la humanidad en cuanto tal es vicaria de Dios. El hombre es imagen de Dios donde y cuando obra la justicia, respeta la integridad de lo creado y practica la solidaridad. Se puede decir que allí donde Dios reina, el hombre tiene el derecho de ser hombre. En su humanidad, el hombre manifiesta el reino de Dios en la historia. Es el hombre la mediación de la presencia del reino de Dios. Evidentemente, el reino de Dios es Dios, la gracia de Dios, la gratuidad de Dios mediada por el hombre (E. SCHILLEBEECKX, *Soy un teólogo feliz*).

Aviso a navegantes: también nosotros somos palabra de Dios, también decimos su Palabra. Y, así, la Revelación no se queda como fuera de nosotros, en el libro, en Jesús: cada uno de nosotros es mediador y mensajero de esa Palabra. Sin cables, repetidores, 5G... la comunicación no llega. Así que, seamos eso: repetidores 5 o 6G de la Palabra que nos han transmitido.

Para una reflexión personal

Si te gusta leer, dedica un rato a pensar en esos tiempos que dedicas a la lectura: cómo te preparas, cómo eliges los libros, dónde lees... Reflexiona un poco sobre por qué te engancha la lectura, qué toca de tu yo más profundo...

Tanto si te gusta leer como si no, ten en cuenta este prólogo del segundo libro de los Macabeos:

Jasón de Cirene escribió la historia de Judas Macabeo y sus hermanos, de la purificación del gran Templo, de la consagración del altar, de las guerras contra el rey Antíoco Epífanes y su hijo Eupátor, y de las manifestaciones gloriosas de Dios en favor de los valientes que lucharon con bravura por el judaísmo, las cuales hicieron posible que estos, aunque pocos en número, devastaran el país e hicieran huir a los ejércitos extranjeros. Recuperaron el templo, famoso en todo el mundo, liberaron la ciudad de Jerusalén y restablecieron las leyes que iban a ser suprimidas, pues el Señor fue sumamente bondadoso con ellos. Pero nosotros procuraremos resumir en un solo libro lo que Jasón escribió en cinco.

Considerando la cantidad de números y la dificultad que, por la abundancia de materia, se presenta a los que quieren seguir minuciosamente las narraciones de la historia, nos esforzaremos por ofrecer entretenimiento a los que leen por el solo gusto de leer; facilidad a los que quieren aprender de memoria y, en fin, utilidad a todos los que lean este libro (2Mac 2,19-25).

- Algunos se quedan un poco sorprendidos de que el autor de un libro de la Biblia hable de resumir, entretener, ser útil... ¿Cómo te suena a ti? ¿Qué esperas tú de la lectura de un libro de la Biblia?

- ¿Tienes algún texto bíblico que sea tu «favorito»? Recupéralo y trata de recordar cuándo lo leíste o escuchaste por primera vez: ¿podrías reconocer si alguien te lo transmitió?, ¿te lo explicó? ¿Pensaste entonces, o ahora, en la importancia de esa cadena de transmisión que hemos llamado *Tradición?*

- ¿Hay algún documento del Magisterio, una encíclica de algún papa, la carta de algún obispo, los textos de algún Sínodo, que, de verdad, hayan sido para ti una enseñanza? ¿Recuerdas qué aspectos de la fe, del seguimiento de Jesús, de nuestro modo de ser discípulos, se iluminaron para ti de una manera novedosa?

Para una reflexión grupal

- Buscad los siguientes textos bíblicos: Prólogo del traductor del Sirácida; 2Mac 2,19-32; Lc 1,1-3; Jn 20,30-31; Jn 21,24-25. Leedlos y anotad cómo habla cada autor sobre la manera en que ha llevado adelante la misión de ser colaborador en la «engramación» de la palabra de Dios. ¿Conocíais estos textos? ¿Qué os ha sorprendido de ellos? ¿Qué les diríais a los autores?
- Buscad ahora estos otros textos: Ez 2; Lc 24; Heb 4,12-13; Ap 10. Los autores hablan de la palabra de Dios como algo que, al asumirse, es difícil, amargo... ¿Qué experiencias tenéis de que, efectivamente, la palabra de Dios haya sido para vosotros exigente, desafiante...?

- Haced una puesta en común de las tradiciones de vuestra familia, pueblo, cultura... Pensad en cómo os han configurado, os han enseñado cosas y, lejos de vuestra casa o vuestro entorno, os han permitido reconocer a los vuestros. Ahora, intentad hacer un listado de los elementos de nuestra Tradición católica que nos definen y nos permiten reconocer a otros que creen como nosotros.

- En el pontificado de Francisco, ¿cuáles diríais que han sido las notas más subrayadas de su Magisterio? ¿Cuáles son los temas en los que más insistía cuando escribía o hablaba? ¿De qué manera os interpelaba como creyentes esa enseñanza? ¿De qué manera reforzaba vuestra identidad? ¿De qué modo fortalecía la comunión con los demás católicos?

Bibliografía

BÉJAR, SERAFÍN, *El cristianismo más allá del libro*, en Revista de Pastoral Juvenil 475-476 (noviembre-diciembre, 2011) 33-35. Este breve artículo forma parte de una colección de fichas de formación que se incluyeron durante un tiempo en la Revista de Pastoral Juvenil. El público eran los jóvenes de grupos que querían comenzar a reflexionar sobre los contenidos de la fe. Es sencillo, pero potente; puede servir para arrancar el diálogo de un grupo o para proponerlo como punto de partida de un itinerario de formación de jóvenes.

CONCILIO VATICANO II, Constitución dogmática *Dei Verbum* sobre la divina Revelación (1965). A pesar de la solemnidad del título (constitución dogmática), no hay documento más claro y completo para entender la materia de este libro; de hecho, el lector habrá visto que lo hemos citado constantemente.

FRAILE, PEDRO, *La inspiración bíblica: problemas y perspectivas,* en Reseña bíblica 39 (2003) 5-14. Este artículo forma parte de un número que la revista Reseña bíblica –de divulgación bíblica en la que escriben los biblistas españoles–, dedicó a «la palabra inspirada». El autor se centra en la difícil explicación de lo que en teología llamamos *Inspiración,* que –como él mismo hace notar– es un asunto entre olvidado, desplazado y cuestionado. Y es que Karl Rahner ya en su tiempo hizo notar que la teología de la Inspiración es una cuestión que no ha interesado en los años del posconcilio ni a los estudiosos de la *Dei Verbum* ni a los que escriben manuales de tipo general sobre cuestiones relativas a la Revelación. Puede complementar lo que se dice en el artículo la lectura del documento de la Pontificia Comisión Bíblica, *La inspiración y la verdad de la Sagrada Escritura. La Palabra que viene de Dios y habla de Dios para salvar al mundo,* publicada en febrero de 2014. Es un documento de lectura relativamente fácil y puede ayudar a entender mejor la teología de la Inspiración, porque no se ha pensado solo para eruditos de la Biblia.

KREMER, JACOB, *No hay palabra de Dios sin palabra humana,* en Selecciones de Teología 136 (1995). El artículo, originariamente escrito en alemán –*Kein Wort Gottes ohne Menschen Wort. Uberlegungen zur «Jahr mit der Bibel 1992»*–, apareció en la revista Stimmen der Zeit 210 (1992) 75-90, pero la revista Selecciones de Teología ha hecho una recensión del mismo en español. Es un texto muy claro que ayuda muy bien a entender cómo es eso de que Dios habla, y lo hace a través de autores humanos que ponen a su servicio sus facultades y talentos.

MARTÍNEZ HIGUERAS, MARIELA-ROMÁN, CARMEN, «La revelación en la Biblia», en VICENTE BOTELLA *et al., Teología para el currículo. Síntesis teológica para fundamentar el currículo de la asignatura de Religión,* PPC, Madrid 2020, 15-120. Este capítulo aporta un marco de referencia para comprender qué significa la revelación para los cristianos y cristianas y la forma de aproximarse al texto desde una lectura creyente de la Biblia.

Rojas Gálvez, Ignacio, *Una palabra viva y eficaz. La palabra de Dios en la Biblia*, en Sal Terrae 1217 (2016) 957-969. Este artículo está escrito por el profesor Ignacio Rojas, de la Facultad de Teología de la Universidad Loyola, especialista en el corpus de Pablo y de Juan –sobre todo, el Apocalipsis–. Con un enfoque pastoral, repasa los temas fundamentales que hemos visto en este libro. Tiene mucha bibliografía de fácil acceso. Nos ayudará a detenernos en los detalles, a profundizar en algunos aspectos y a entusiasmarnos con la lectura de la Biblia.

Índice